Este libro pertenece a:

....

Traducción revisada por Talia Langdon

PUNTOS ÚTILES ANTES DE QUE COMIENCE LA HISTORIA

La manecilla grande:

Este es el minutero. Nos ayuda a calcular cuántos minutos pasan de la hora o faltan para la hora siguiente.

La manecilla pequeña:

Esta es la manecilla de las horas. El número del que está más cerca es la hora.

Pasada:

Cuando la manecilla grande esté en el lado morado del reloj, cuenta de cinco en cinco desde las 12 hasta las 6. Esto nos muestra cuántos minutos han pasado de la hora.

Para:

Cuando la manecilla grande esté en el lado amarillo del reloj, cuenta de cinco en cinco hacia atrás desde el 12 hasta el 6. Esto nos mostrará cuántos minutos faltan para la siguiente hora.

Parte 1
PASADA LA HORA

Esta es Seffy. Ella es una draoncita y su misión actual es aprender a decir la hora.

Seffy suele despertarse a las siete. Lo sabe porque la manecilla pequeña señala el 7 y la manecilla grande señala el 12 en la parte superior.

Sin embargo, Seffy no está muy segura de lo qué significa la mancilla grande cuando señala todos los demás números.

las siete en punto

CONSEJO IMPORTANTE:
Cuando la manecilla grande señala las 12, es la hora en punto.
La hora es el número al que apunta la pequeña manecilla de las horas.

Por suerte, su hermano mayor Dash puede ayudar. Aprendió a decir la hora en la escuela.

"La manecilla grande tarda cinco minutos en llegar al siguiente número", dice Dash.

cinco

las siete y cinco

"Empezamos a contar desde el 12 en la parte superior. Si la mancilla grande señala el 1, son cinco minutos pasado del número que señala la mancilla pequeña."

Este reloj marca las siete y cinco minutos. La manecilla pequeña, señala la hora, que son las siete. La manecilla grande nos muestra cuántos minutos han pasado de las siete.

CONSEJO IMPORTANTE:
Los números del 1 al 12 del reloj nos indican las horas, pero sólo nos dan una pista del número de minutos. Sólo recuerda, por cada número que pasa la mano grande, sumamos cinco. Dash te ayudará con esto más adelante.

Es hora del desayuno. En el reloj de la cocina, la manecilla pequeña todavía señala el 7, pero la manecilla grande ahora señala el 2. Esto significa que han pasado otros cinco minutos.

¿Qué hora es en este momento?

"Para que sea más fácil decir la hora, debemos aprender a contar de cinco en cinco." explica Dash.

"Hay 60 minutos en una hora así que repite conmigo: 5, 10, 15, 20, 25, 30, 35, 40, 45, 50, 55, 60."

"5, 10, 15, 20, 25, 30, 35, 40, 45, 50, 55, 60!" grita Seffy.

"Así que cuando la manecilla grande señala el 1, son y cinco, y cuando señala el 2, son y diez."

¡Así es! Bien hecho Seffy.

Seffy desayuna y sube corriendo las escaleras para prepararse para la escuela. Ella siempre intenta preparer su mochila lo más rápido que puede.

Hoy lo ha hecho en un tiempo récord. ¡Cinco minutos!

Eso nos lleva al siguiente número del reloj.

La manecilla grande está ahora en el 3.

"Cinco, diez, quince. ¿Las siete y quince? ¿Es así?" pregunta Seffy.

"Si," dice Dash, "pero debido a que la manecilla grande ha recorrido un cuarto del reloj, en realidad decimos 'las siete y cuarto'."

seite y cuarto

CONSEJO IMPORTANTE:
Imagina cortar el reloj en cuatro partes iguales dibujando líneas del 12 al 6 y del 9 al 3. Cuando el minutero pasa por cada uno de estos números, ha recorrido otro cuarto de la vuelta al reloj.

La mama dragona les grita a los niños que se den prisa, porque necesitan alimentar al hámster antes de irse a la escuela.

Ellos corren escaleras abajo.

Dash corta las zanahorias y la coliflor y Seffy lo pone todo en un bol.

Miran el reloj de la cocina y la manecilla grande ahora señala el 4.

Seffy cuenta los minutos de cinco en cinco, "cinco, diez, quince, veinte". Seffy tiene razón, son las siete y veinte.

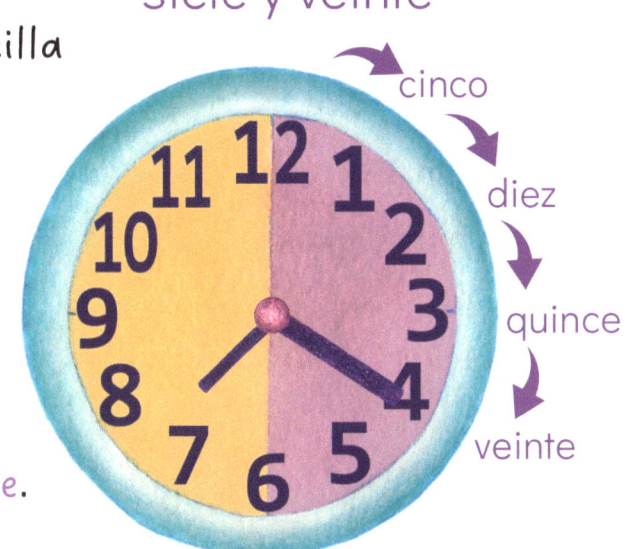

siete y veinte

cinco
diez
quince
veinte

CONSEJO IMPORTANTE:
Echa un vistazo a la manecilla pequeña ya no apunta al 7, está entre el 7 y el 8. A medida que la manecilla grande se mueve alrededor del reloj, la manecilla pequeña se mueve lentamente hacia el siguiente número.

Alimentan al hámster y le dan agua fresca.

Cuando regresan, han pasado otros cinco minutos.

"La manecilla grande apunta al 5," le dice Dash a Seffy. "Intenta contar de cinco en cinco, empezando por el 12 de arriba".

"Cinco, diez, quince, veinte, veinticinco", cuenta Seffy.

"Son las siete y veinticinco".

Seffy y Dash sólo tienen cinco minutos antes de que llegue el autobús escolar.

Se despiden de su madre con un abrazo y salen a la parada del autobús.

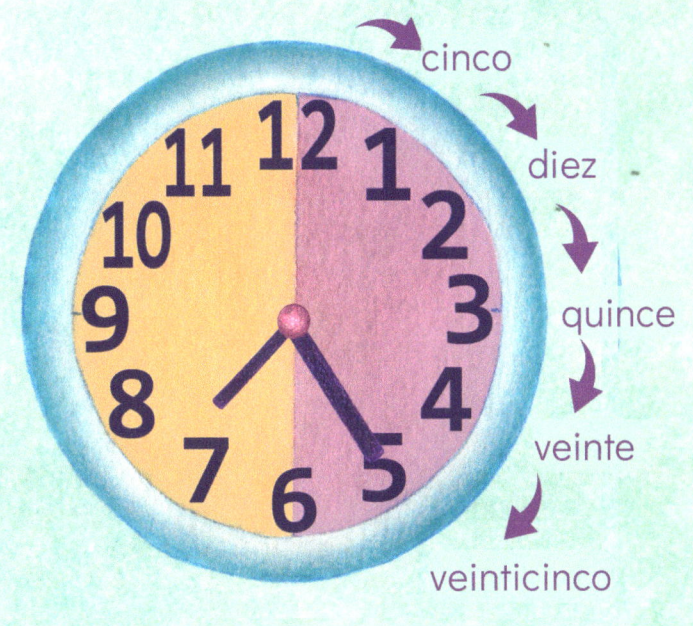

siete y veinticinco

Los autobuses escolares dragón son muy especiales y cambian de color según el clima. Hoy llueve un poco, por lo que el autobús se ha vuelto amarillo y rosa para compensar el cielo opaco.

siete y media

Mira.
¡La manecilla grande apunta hacia el 6, exactamente la mitad del reloj! Eso significa que son las siete y media.

¡El autobús llega justo a tiempo!

CONSEJO IMPORTANTE

¿Sabías que una hora tiene 60 minutos? Entonces cuando la manecilla grande tiene recorrido la mitad del reloj, han pasado 30 minutos, ¡que es la mitad de 60!

Parte 2
A LA PRÓXIMA HORA

Cuando la manecilla grande esté en el lado amarillo del reloj, cuenta de cinco en cinco hacia atrás desde las 12 hasta las 6. Esto nos mostrará cuántos minutos faltan para la siguiente hora.

Se necesitan veinticinco minutos para llegar a la escuela de dragones. Cuando llegan, el gran reloj en el frente del edificio dice que son casi las ocho.

La manecilla grande apunta al 11 y la pequeña casi al 8.

"¿Qué hora es eso?" pregunta Seffy.

"Bueno, son casi las ocho, pero no del todo". Dash responde.

"La manecilla grande está en el 11, por lo que está a un número de la hora en punto.

Sabemos que la manecilla grande tarda cinco minutos en llegar a cada número, por lo que faltan cinco minutos para las ocho.

Seffy, pensando mucho. "Si la manecilla grande señala a las 11, faltan cinco minutos".

Después de las lecciones de arte y respiración con fuego, llega la hora del descanso.

"¡Oh, no!" Seffy grita. "¡Una de las manecillas en el reloj del aula ha desaparecido!"

"Mira más de cerca", dice Dash, "no ha desaparecido, simplemente las manecillas están muy juntas".

"¡Uf!" Seffy se siente aliviada.

"Entonces, ¿qué hora es ahora?" ella pregunta.

diez menos diez

"Ambas manos apuntan al 10", le muestra Dash a Seffy. "La mancilla grande está dos números antes del 12, así que cuenta de cinco en cinco nuevamente".

"Cinco, diez", cuenta Seffy.

"¡Sí! Diez a algo", dice Dash. "¿Dónde está la manecilla pequeña?"

"Son casi las diez. Eso significa que son las diez menos diez." responde Seffy.

Después del descanso vuelven las clases. Hoy los dragones escriben sobre lo que quieren ser cuando sean mayores.

Seffy quiere ser bailarina, cantante, cuidadora del zoológico y óptica. ¡Su maestra está impresionada!

Ya son las doce menos cuarto y es hora de almorzar. ¡La hora del almuerzo es la parte favorita del día de Seffy!

En el menú de hoy está la fruta arcoíris. Hay una máquina genial donde puedes elegir tus propios ingredientes. Seffy ha añadido chispas, almíbar y chispas de chocolate.

Echa un vistazo al reloj. La manecilla grande está en el 9. Así que cuenta de cinco en cinco; Son las 12 menos cinco, diez, quince minutos.

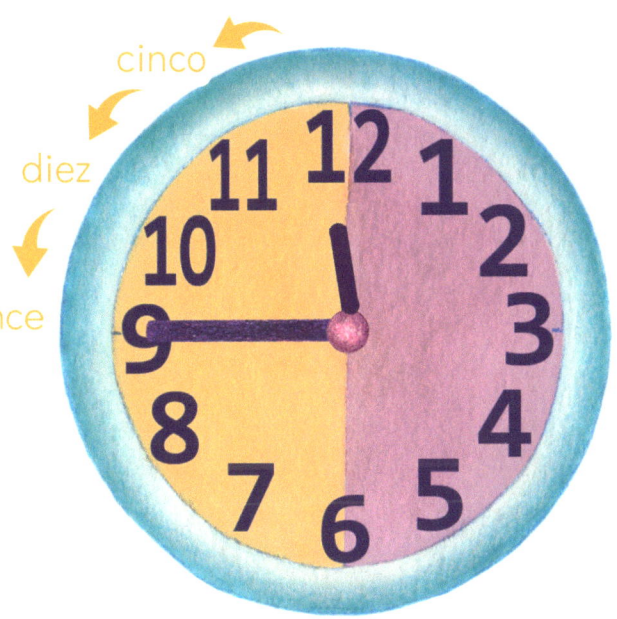

CONSEJO PRINCIPAL

Recuerda que en lugar de 15 decimos cuarto, por lo que son las doce menos cuarto.

Después de llenar su barriga, corre por el patio de recreo con su mejor amiga Rosita. Deciden comprobar el reloj de Rosita. La manecilla grande apunta al 8 y la pequeña está entre el 12 y el 1.

Está a punto de preguntarle a Dash qué hora es, ¡pero él no está allí! Veamos si Seffy y Rosita pueden resolverlo ellas mismas.

Echan un vistazo a la manecilla grande y cuentan los minutos de cinco en cinco, del 12 al 8.

"Faltan cinco, diez, quince, veinte minutos", cuenta Seffy.
"¿A qué?" pregunta Rosita.

"La manecilla pequeña está entre el 12 y el 1", dice Seffy.

La una menos veinte

Rosita añade: "Eso significa que son más de las 12 en punto, pero aún no son la 1 en punto. Así que es..."

"La una menos veinte!" grita Seffy, emocionada. ¡Ella está en lo correcto! Bien hecho chicas.

Después del almuerzo, hay clases de teatro y música. ¡Los dragones están practicando para la obra escolar y es súper divertido! El tiempo pasa volando y suena el timbre de fin de clases.

Seffy mira el reloj de la sala de música.

cinco
diez
quince
veinte
veinticinco

La manecilla grande está en el 7, así que son cinco, diez, quince, veinte, veinticinco minutos para algo.

La mancilla pequeña ha pasado del 3 y va camino del 4. Eso significa que son las cuatro menos veinticinco.

las cuatro menos veinticinco

Seffy ha disfrutado empezando a aprender a decir la hora. Sigue el resto del día de Seffy a ver si puedes calcular qué horas están en los relojes. No te preocupes si no puedes hacerlos todos, ¡aprender a decir la hora es complicado!

A. Hora de la merienda

B. Relajarse después de la escuela

C. Tarea

D. Tiempo de juego

E. Práctica de piano

F. Hora de cenar

G. Hora del baño

H. Dientes limpios

I. Cambiarse para ir a la cama

J. Hora del cuento

K. Hora de dormir

Pasa la pagina para ver las respuestas.

Las respuestas

A: Las cuatro (hora de la merienda)

B: Las cuatro y cuarto (relajarse después de la escuela)

C: Cinco menos cuarto (tarea)

D: Cinco y cinco (tiempo de juego)

E: Seis menos veinticinco (práctica de piano)

F: Seis menos diez (hora de cenar)

G: Seis y diez (hora del baño)

H: Seis y veinte (dientes limpios)

I: Seis y veinticinco (cambiarse para ir a la cama)

J: Las seis y media (hora del cuento)

K: Siete menos cinco (hora de dormir)

Copyright © 2023 por Stephanie Lipsey-Liu.
Reservados todos los derechos
Ninguna parte de esta publicación puede reproducirse ni transmitirse de ninguna forma ni por ningún medio, electrónico o mecánico, incluidas fotocopias, grabaciones, escaneos o de otro tipo, ni a través de ningún sistema de exploración, almacenamiento o recuperación de información, sin el permiso por escrito del editor.
Primera impresión en 2023.
ISBN 978-1-7399336-4-7
Little Lion Publishing UK, Nottingham, Inglaterra   www.littlelionpublishing.co.uk

Sobre la autora

Stephanie es autora infantil y óptica. Ella cree que puedes hacer cualquier cosa que te propongas, ¡incluso si a veces necesitas ayuda adicional! Vive en Nottingham con su marido, su hija y dos perros. En su tiempo libre le gusta cantar, hacer trampolín y aprender lengua de signos.

Sobre el ilustrador

Soraya es una ilustradora iraní que actualmente vive en Turquía. Vivió en Japón durante 7 años cuando era niña. Le encanta meditar, estar en la naturaleza, alimentar a las ardillas y acariciar a los gatos negros. Su sueño es ver a Totoro, el conejo gigante de la animación "Mi vecino Totoro".

Más libros de Stephanie Lipsey-Liu

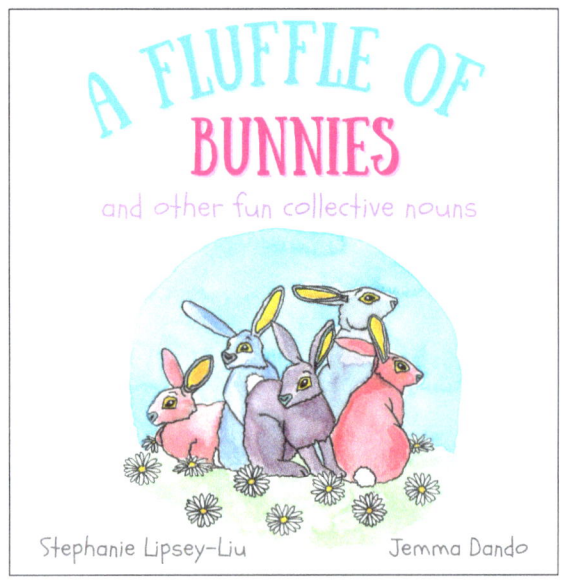

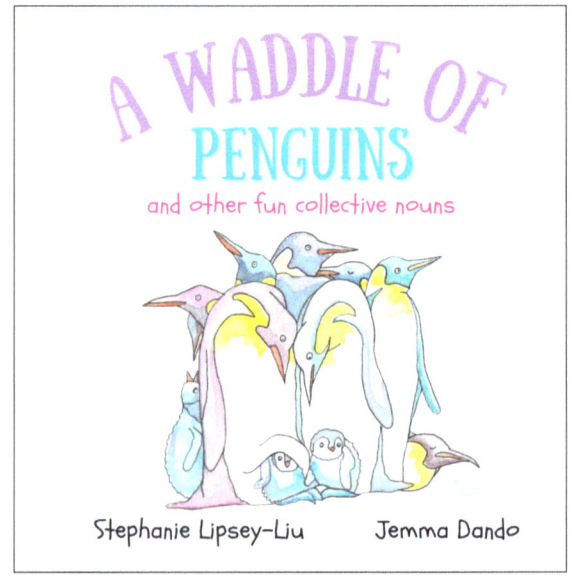

www.ingramcontent.com/pod-product-compliance
Lightning Source LLC
Chambersburg PA
CBHW041523070526
44585CB00002B/62